BACH

C'EST PAS FACILE D'ÊTRE UNE FILLE

2. TOUT VA BIEN ALLER

MÉCANIQUE GÉNÉRALE

C'EST PAS FACILE
D'ÊTRE UNE FILLE

2. TOUT VA BIEN ALLER

a été publié sous la direction de Renaud Plante.

Assistante à la colorisation : Stéphanie Bouchard
Montage : Bruno Ricca
Coordination de la production : Marie-Claude Pouliot
Révision : Jenny-Valérie Roussy
Correction : Karine Picard

© 2015 Bach et Mécanique générale

ISBN papier 978-2-922827-73-6 • epub 978-2-922827-76-7 • pdf 978-2-922827-77-4

Nous remercions le Conseil des arts du Canada de l'aide accordée à notre programme
de publication et la SODEC pour son appui financier en vertu du Programme d'aide
aux entreprises du livre et de l'édition spécialisée.

Nous reconnaissons l'aide financière du gouvernement du Canada par l'entremise
du Fonds du livre du Canada (FLC) pour nos activités d'édition.

Gouvernement du Québec – Programme de crédit d'impôt pour l'édition de livres –
Gestion SODEC

Dépôt légal – 4e trimestre 2015
Bibliothèque et Archives nationales du Québec
Bibliothèque et Archives Canada

À Charles Anthony.
Tout simplement.

♡

2

C'est pas facile d'être une fille

Tout va bien aller

Chapitre un

21

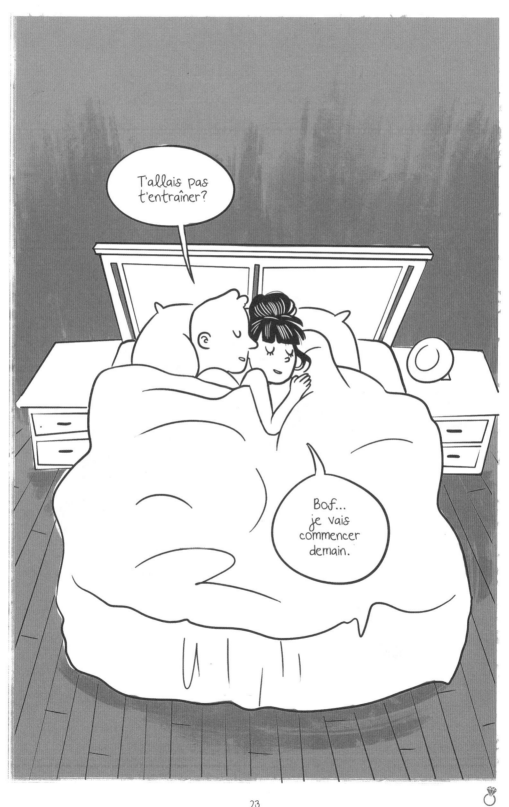

33

Hiiii! C'est tellement excitant!

J'ai trop hâte de voir une robe de mariée sur Estelle!

Je me demande si on va trouver le modèle que tu veux...

Ouin... le problème, c'est que je sais pas trop ce que je veux...

Bonjour, mesdames! C'est moi qui vais m'occuper de vous aujourd'hui!

Qui est la mariée?

Moi!

Parfait! Suivez-moi. Est-ce que vous avez des modèles en tête ou des idées précises?

Eh bien, j'avais pensé à quelque chose de simple. J'aime les choses élégantes et les détails. Pas de traîne, pas de froufrous...

Je vous laisse vous déshabiller et je vous apporte des modèles de robes.

OK! Merci!

Voulez-vous un canapé?

Non, merci! Je suis au régime.

Les filles...

38

Ça doit pas être bien sorcier!

tk tk tk tk tk tk

Quelques semaines plus tard...

Et voilà!

Bonjour! J'aimerais prendre un rendez-vous pour un essayage de robes de mariée.

Chapitre deux

En fait, pour tout dire, je me cherche beaucoup en ce moment et je me pose plein de questions sur ma vie en général.

On dirait que je remets tout en perspective!

Tout d'abord, est-ce que je suis vraiment bien toute seule?

Et si non, est-ce que je suis une dépendante affective?

Et puis je ne sais plus vraiment qui je suis. Et si je ne sais pas qui je suis, comment je pourrais aimer quelqu'un?

J'aime ça, être célibataire, mais en même temps, est-ce que je veux que ma vie reste comme ça?

C'est tellement compliqué, la vie de couple, en même temps...

Et j'me dis qu'en changeant de style et d'habitudes de vie, j'arriverai enfin à me trouver!

J'ai peur que si je me mets en couple ou que je m'engage, je vais perdre ma vie cool de célibataire...

Mais j'aime ça, être dans les bras d'un garçon!

MAIS QUI SUIS-JE ET QU'EST-CE QUE JE VEUX??

Ooooh boy. Je vois.

Si je résume, t'es toute mélangée et tu te cherches.

J'suis folle.

Mais non.

En fait, t'as besoin de quelqu'un dans ta vie...

... mais en même temps, tu veux garder ta vie de célibataire.

OUI! EXACT! Être célibataire, mais à deux!

...

C'est donc ben compliqué, l'amour, aujourd'hui...

À qui le dis-tu.

Allons prendre un verre.

PANTOUTE

Bonjour! Vous êtes les futurs mariés?

Oui!

Enchantée!

Nous allons visiter les salles possibles pour votre réception.

Celle-ci a une magnifique vue panoramique.

Oh wow!

Très beau!

J'veux pas parler trop vite, mais j'adore celle-là!

Je nous vois bien ici!

J'suis d'accord!

Comme vous pouvez le constater, on peut apercevoir les chutes. C'est notre meilleure salle pour les voir.

J'adore!

C'est pas parce qu'on est au régime qu'on peut pas regarder le menu

Ouin... c'est dur de trouver le gars idéal.

T'es un peu difficile quand même.

J'imagine.

Mais c'est quoi, ton genre de gars, en fait?

J'aime bien les gars avec des barbes.

Roux? Lol

Pas nécessairement ;)

En même temps, je suis tellement freak.

Ben non... Pourquoi tu dis ça?

L'autre jour, j'ai dit à un gars que je le trouvais beau et qu'il avait l'air d'un nain dans Le Hobbit :/

... Quoi? Hahaha!

En fait, ton style, c'est le «lumbersexual».

Quoi?

C'est le terme pour désigner le gars style bûcheron et hipster.

Attends, je cherche une image...

OMG!

Watatow!

J'lui ferais pas de mal!

Et moi donc!

Attends! Regarde celui-là!

Et lui!

Oh là là! Ouin, j'en veux un de même!

J'peux pu arrêter de regardeeeeer!!

Bon, ça suffit! On dirait des adolescentes!

Haha!

Je pense à ça...

Quoi?

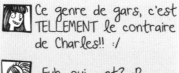

Ce genre de gars, c'est TELLEMENT le contraire de Charles!! :/

Euh, oui... et? :P

Faudrait pas qu'il tombe sur notre conversation!

Ben là...

CHARLES, SI TU LIS CETTE CONVERSATION, SACHE QUE JE T'AIME QUAND MÊME.

COURS DE PRÉPARATION AU MARIAGE

Qu'est-ce qu'on vient faire ici déjà?

Je sais plus ou moins c'est quoi... Mais il faut le faire quand on se marie à l'église. On va discuter avec d'autres couples, j'imagine...

Ouin... tous les gars ont envie d'être là, à voir leurs faces...

Bonjour à tous et bienvenue.

Pour ceux qui se posent la question, ce cours vous aidera à mieux vous connaître, à voir plus clair dans votre union.

On se connaît pas déjà?

Ça doit pas.

Et puis je suis capable de déterminer si une fille est intéressée ou pas en 30 secondes. Si elle parle de son chum dans cet espace de temps, elle n'est pas intéressée.

T'en penses quoi?

J'suis célibataire.

Vous voyez? Elle me veut.

Et toi?

J'me marie dans six mois.

LÀ TU ME TANNES. T'es un macho pis on veut que tu t'en ailles. ANYWAY, ta tactique marche trop pas. BYE.

slurp

En tout cas, c'est la dernière fois que je cruise en ta présence.

Hein?

OK. Ensuite, il y a le «Alléluia» à choisir et j'hésite aussi.

J'ai trois choix et...

TU M'ÉCOUTES TROP PAS! Tu le sais que les deux dossiers qui sont importants pour moi dans notre mariage, c'est les faire-part et la musique!

CLAP

Ça fait deux semaines que je prépare le programme musical et ça me stresse!!

Tu pourrais AU MOINS faire un effort!

Ah, je m'excuse là... mais tu le sais que je connais rien dans la musique...

Surtout à l'église...

Ouin, j'suis allée reprendre un verre avec le gars, finalement.

Quel gars?

Andrew.

Ah. Et puis?

Ben c'est un connard.

Quelle surprise! Tu devrais m'écouter. J'ai l'instinct pour ça.

Merci, maman Estelle.

Hey! J'avais raison ou pas?

Pffff!

Pis, l'enterrement de vie de garçon de Charles?

Ouf! Oui!

Chapitre trois

Allô, chéri!

Allô!

Bon! Je reviens de chez le fleuriste et tout est beau! Ils vont pouvoir livrer chez mes parents le matin des noces.

Parfait, ça!

PAF

BANG

...

Euh... si je comprends bien, tu as passé la journée à jouer aux jeux vidéo en boxers...?

Oui.

C'est un peu déprimant.

Ah! C'est ma journée de congé.

Bon! Je le sens. On va trouver LA robe ici.

Comment on sait qu'on a trouvé la bonne robe de mariée?

Il paraît que la mère de la mariée pleure.

Pfff! Oublie ça! Je pleure jamais!

Mademoiselle? C'est prêt, vous pouvez passer à la cabine d'essayage.

LA robe, celle qui va me faire parfaitement, qui va révéler ma personnalité, qui va me faire comme un gant, pas trop blanche, pas trop crème...

Parfaite, quoi!

Faque tout ça pour dire que ça a pas fonctionné avec lui.

C'est fini pour moi, les sites de rencontre.

C'est sûr que tu aurais dû t'en douter quand t'as vu son tatouage de dauphin dans la face...

OK, OK! Je l'sais! On peut changer de sujet?

Hé! hé!

Donc maintenant que t'es sur le bord de te marier, les bébés devraient pas tarder!

Pourquoi tu dis ça?

Ben j'sais pas... C'est la norme, non? Mariage, chien, maison et bébé.

C'est le CYCLE DE LA VIE!

Pfff! J'suis tannée que tout le monde me dise ça! Bienvenue au 21e siècle, là où on croit que tout est permis, mais que finalement il faut que tu gardes les vieux patterns.

Tsé, dans la vie, on est pas obligé d'avoir tout ça pour réussir son existence! Chacun est unique et a son propre chemin! Pourquoi on reste avec les vieilles traditions?

Je dis que c'est assez!

...

Estelle. Tu te maries.

hi hi hi hi
hi hi hi hi
hi hi hi hi
hi

99

Apprendre à danser la valse, c'est simple comme tout. Première étape, déplacez votre pied droit en avant, et posez votre talon sur le sol en premier. Le poids de votre corps passe sur le pied droit.

Déplacez votre pied gauche en arrière. Le poids de votre corps passe sur le pied gauche. Ensuite, déplacez votre pied droit sur le côté droit de votre pied gauche tout en montant sur les demi-pointes. Écartez légèrement les jambes.

Argh. J'suis tannée.

Qu'est-ce qu'il y a? T'es tannée de ton régime avocat-coco?

Non... Comment ça se fait que je trouve pas le bon gars?

Pis me semble que tout va mal dans ma vie.

...

PIS OUI, J'SUIS TANNÉE DE MON RÉGIME PIS JE SAIS TOUJOURS PAS QUI JE SUIS PIS QU'EST-CE QUE JE VEUX!!

Bon, bon, bon. Il y a des journées comme ça où on voit la vie pire qu'elle est...

Des fois, j'aimerais que ça soit simple comme toi.

T'es-tu en train de dire que je suis peut-être lesbienne?

Hein?

T'as sûrement raison! Peut-être que je regarde dans la mauvaise direction!

Bon sang... SIMONE!

C'est qui ça?

C'était mon amie que j'avais quand j'étais petite... On s'amusait toujours ensemble à jouer aux Pokémons et aux Pogs...

On écoutait des films, on mangeait des bonbons ensemble... J'ai clairement passé à côté de l'amour de ma vie! Je dois absolument la retrouver sur Facebook!

Euh. Relaxe. C'est pas ce que je voulais dire...

Remarque que tu fais bien ce que tu veux...

Je crois que j'ai la solution pour toi. Tu veux passer tes samedis soirs en pyjama?

Chapitre quatre

HEIN!
Regarde ça!

?

UN DÉFROISSEUR EN
MÉGA SPÉCIAL!!

Ça serait
si pratique!

Charles...

Premièrement, on
a aucun espace
libre pour mettre
ça chez nous.

Ben oui.
Dans le
corridor.

Soupir...

Ça va pas?

Tu ne te poses pas de questions parfois?

À propos de quoi?

À propos de l'engagement...

Plein de couples autour de nous se séparent. Quand on dit qu'on va se marier, on se fait regarder croche, comme si les gens nous trouvaient naïfs.

Wô. J'me marie dans DEUX jours.

J'suis-tu en train de faire une gaffe?

OH. MON. DIEU. Pourquoi je fais ça??

6 h 30

9 h

11 h

12 h

12 h 30

13 h

22 h 30

23 h 30

OUF!

J'suis brûlé!

Ouin, ben...

Un an de préparation...

... pour ça.

Deux semaines
plus tard...

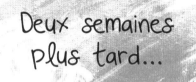

Merci!

À tous les gens, de près ou de loin, qui m'ont aidée, supportée, encouragée, consolée, aimée, remonté le moral, soutenue, fait des cocktails, conseillée et écoutée pendant la création de ce livre, et qui ont accepté d'être taquinés dans quelques gags.

♡

Un petit merci particulier à Gabrielle Beer, personnage dans le gag de la chasse à la robe!